CW01025206

TRO

»… Aarhus Universitetsforlags
utroligt vellykkede serie«

Søren Schauser,
Berlingske

TRO

PETER LODBERG

TRO
Tænkepauser 34
© Peter Lodberg 2015

Tilrettelægning og omslag: Camilla Jørgensen, Trefold
Forfatterfoto: Poul Ib Henriksen
Forlagsredaktion: Søren Mogensen Larsen
Bogen er sat med Dante og Gotham
Trykt på Munken Premium Cream hos Narayana Press
2. oplag 2017

ISBN 978 87 7124 810 4

Tænkepauser
– viden til hverdagen
af topforskere fra

AARHUS
UNIVERSITET

FAGFÆLLE-
BEDØMT

/ I henhold til ministerielle krav betyder bedømmelsen, at der fra en fagfælle på ph.d.-niveau
er foretaget en skriftlig vurdering, som godtgør denne bogs videnskabelige kvalitet.
/ In accordance with requirements of the Danish Ministry of Higher Education and Science, the certification
means that a PhD level peer has made a written assessment justifying this book's scientific quality.

MIX
Papir fra
ansvarlige kilder
FSC® C010651
www.fsc.org

INDHOLD

TANKER OM TRO

ALT ANDET END LIGE

Over halvdelen af alle os danskere bor i en ejerbolig. De fleste har lånt størstedelen af pengene til boligkøbet i en kreditforening. Ofte er der tale om flere millioner kroner og en udsigt til først at blive gældfri om tyve-tredive år. Alligevel tøver køber og kreditforening kun sjældent med at indgå en sådan aftale. Årsagen er noget så simpelt – og måske ved første øjekast gammeldags – som tro.

Når vi belåner vores bolig, sker det ud fra en tro på, hvor meget murstenene er værd, når vi skal sælge igen. Men at det kan være svært at prissætte et hus, fordi den objektivt set rigtige pris ikke findes, ser vi tydeligt i *Hammerslag* på DR1. Her skal to ejendomsmæglerpar fra Øst- og Vestdanmark dyste om at ramme husets salgspris. Ofte ligger deres bud langt fra hinanden – og ikke mindst salgsprisen.

Når de en gang imellem rammer den pris, ejendommen blev solgt til, afslører vindernes reaktion, at de betragter sig selv som meget heldige. De skød rigtigt, jubler, giver knus og klasker håndfladerne sammen. Deres tiltro til markedet blev belønnet.

Men prisen på de penge, vi bruger til at købe en ny

lejlighed eller et nyt hus, kan ligesom ejendomsprisen gå op og ned. Renten kan være høj eller lav alt efter kronens kurs.

Det er derfor blevet en yndet sport for os at konvertere lån ud fra en tro på, hvad husets værdi vil være, når det skal sælges igen om to, fem eller ti år. Hvis husets forventede salgspris overstiger det, vi allerede har lånt i huset, så er vi de heldige ejere af friværdi. Den kan vi belåne og bruge til jordomrejsen, købe et sommerhus eller en lejlighed til børnene.

Det er altså en troshandling. Vi låner i værdien af en forventet salgspris i fremtiden. Sagt anderledes: Vi tager lån i den blå luft. Men hvis tilstrækkeligt mange husejere ikke tror på markedets mekanismer og ikke tør tage lån i troen på, at værdierne hele tiden øges, så brister boligboblen. Økonomien fryser til, husejere, der har købt for dyrt, bliver stavnsbundne til deres ejendomme, og politikerne må forsøge at stimulere forbrugsfesten på ny.

Den menneskelige faktor i markedsøkonomien handler om tro og tillid til, at vi homo sapiens opfører os økonomisk fornuftigt. Derfor hedder det ofte i økonomiske analyser, at alt andet lige vil økonomien og vi som rationelle mennesker agere på en bestemt måde, hvis økonomien bliver stimuleret på den rigtige måde.

Men det fascinerende og problematiske ved os mennesker er, at der altid er noget mere at sige end *alt andet lige*. Verden er aldrig statisk. Den er altid noget mere og alt andet end snorlige. Vi er ikke kun fornuftige samfundsmennesker, der tager hensyn til vore medmennesker, så markedet fungerer efter de opstillede spilleregler.

Vi er også grådige væsener, der vil have mere, end vi behøver. Vi bliver misundelige, hvis naboen kan låne penge til en større bil eller en længere jordomrejse. Derfor vil vi sikkert på et tidspunkt selv gå i banken for at låne til noget, der kan gøre naboen misundelig.

Med den franske forfatter og videnskabsmand René Girard kan vi kalde denne mekanisme for det mimetiske begær. Vi efterligner de mennesker, som vi på en og samme tid ser op til, fordi vi gerne vil være ligesom dem, og hader, fordi de står i vejen for vores lykke.

FRELSEREN FRA BARCELONA

Vores markedsøkonomi hviler på troen på, at vores livssituation hele tiden vil blive bedre. Det er en tankegang, som markedet har lånt fra religionen. Nu om dage er der måske endda mere tro på børsen end i kirken.

Det mest religiøse program i dansk tv er for eksempel nok *17 Finans* på TV2 News. Her bliver der hele tiden taget varsler. Virksomhedsledere bliver stillet til regnskab for deres tro på markedets fremtid og aktiekursen. Bankernes cheføkonomer skal profetere om udviklingen på de internationale finansmarkeder, og de økonomiske vismænds årlige rapporter bliver behandlet som nutidens hellige skrifter.

Sådan har det ikke altid været. Tidligere var det en journalistisk dyd at rapportere om begivenheder, der havde fundet sted. Men i dag er journalister mere optagede af at kigge ind i spåkugler. De spørger hele tiden politikere, økonomer og særligt gerne hinanden om alle mulige og umulige økonomiske og politiske fremtidsscenarier.

Da det som bekendt er svært at spå – og især om fremtiden – så er det også blevet en yndet sport blandt journalister at stille nutidens vismænd til regnskab. Hvorfor gik det nu alligevel ikke sådan, som de troede? Og hvis aktiekursen styrtdykker, eller bunden går ud af dollarkursen, så formidler nyhedsværterne begivenheden som et dommedagsscenarie. Gerne ved hjælp af et skriggult bånd af *Breaking News*.

Dette samspil mellem medier og markedsøkonomi er i dag det vigtigste offentlige rum. Netop det rum hviler på traditionelle religiøse begreber som frelse, gud, tro, tillid, fremtid, dom og regnskabets time. Og uden vores evne til at tro på noget andet og større end os selv bryder markedet og dermed vores samfund sammen.

Medierne har altså i høj grad overtaget religionens rolle i vores liv. Det er dem, som beskriver og fortolker vores virkelighed. Og det er via mediernes prioritering af Palæstinakonflikten, flygtningekrisen og Bill Clintons sexskandale frem for glemte krige i Congo og Burundi, at vi danner vores opfattelse af verden.

Når journalister skal beskrive vores dybeste følelser, inderste ønsker og højeste drømme, bruger de også et religiøst sprog. Det gælder måske i særlig grad sportsjournalister.

"Frelseren fra Barcelona" stod der for eksempel med store bogstaver på en af frokostavisernes spisesedler i

1993: Midtbaneelegantieren Michael Laudrup var efter halvandet års frivillig pause vendt tilbage til det danske fodboldlandshold. En anden frokostavis forkyndte i 1996 på sin forside, at "Riis er Gud", da han cyklede konkurrenterne agterud i Tour de France. Sportshelte kan på grund af deres tilsyneladende overmenneskelige præstationer blive så store i vores bevidsthed, at vi kun kan ty til guddommelige begreber for at beskrive dem.

TRO, SKUMMETMÆLK OG HÅRSPRAY

Men den gode gammeldags religiøse tro er nu ikke gået helt af mode. Den former stadig mange af os som mennesker. Den inddeler vores liv i bestemte faser, den afgør, hvilke dage vi holder for hellige, og hvordan vi opfatter os selv og hinanden. Muslimer inddeler for eksempel døgnet efter de fem gange, de skal bede til Allah med hovedet vendt mod Mekka i Saudi-Arabien. For dem er fredag noget særligt, da især mændene den dag møder hinanden til fredagsbønnen.

For jøder er ugens højdepunkt lørdag, hvor de fejrer sabbat, ugens hviledag, med en familiefest. Søndagen er hellig for kristne, for den morgen ringer kirkeklokkerne over hele landet for at kalde til gudstjeneste.

Med flere milliarder mere eller mindre dedikerede tilhængere er islam og kristendom verdens to største trosretninger. På tredjepladsen finder vi alle de mennesker, der ikke bekender sig til nogen religion. Ateister kunne vi også kalde dem. Lige bagefter kommer hinduismen og buddhismen.

Jødedommen må med kun cirka 14 millioner troende finde sig i en plads noget længere nede på listen over verdens trosretninger. På de andre topplaceringer finder vi blandt andet den persiske bahaisme, den koreanske juche, den japanske shinto og kinesiske taoisme. Mens flere hundrede millioner mennesker kloden over dyrker forskellige slags folkereligioner. Som for eksempel aboriginerne i Australien og indianerne i Nord- og Sydamerika.

Vi skal selvfølgelig passe på med ikke at drage forhastede konklusioner ud fra sådan en hitliste over verdens største trosretninger. Men den viser dog, at langt størstedelen af vi mennesker bekender os til den ene eller anden form for religiøs tro. Og det har vi nok altid gjort.

Vi kan i hvert fald helt tilbage til menneskehedens tidligste historie finde udtryk for en tro på noget andet og større end os selv. Vi kender til skulpturer, som oldtidens grækere tillagde guddommelig kraft. De blev båret rundt i for eksempel Athen og Sparta ved særlige højtider og skulle sikre en god høst. Indbyggerne anså skulpturerne for at have overjordiske kræfter og bragte ofre til dem for at få del i den guddommelige magt.

Også i dag kan billeder spille en afgørende rolle for vores tro. Det oplever vi mange steder i verden. Ét af dem er Den hellige Gudsmoders kloster på den græske ø Tinos i Det Ægæiske Hav. Hvert år til påske bevæger en procession af flere tusinde græsk-ortodokse pilgrimme sig langsomt frem for at kysse et billede af Jomfru Maria, Jesu mor.

For de troende pilgrimme er det ikke bare et billede,

men en såkaldt ikon, der for de troende giver direkte adgang til guddommelig kraft. Gamle og unge kravler og slæber sig af sted for at komme så tæt på Maria som muligt. De syge håber på at blive raske, og de trætte ser frem til at få nye kræfter, når det langt om længe er blevet deres tur til at spidse læberne.

Mange udtrykker også troen via udseendet. Det er amishfolket et godt eksempel på. De udvandrede fra Europa til USA i 17-1800-tallet. I dag går amishfolket fortsat klædt som dengang: mændene i sorte bukser, jakke og hat, kvinderne i kjole og kyse. Mænd må ikke have overskæg, fordi det bar de officerer, der forfulgte dem i Europa.

Så hårpragt eller mangel på samme kan afsløre en del om ens tro. En hinduistisk sikh fra Punjabregionen i Indien lader for eksempel både hår og skæg gro vildt. Det er tegn på, at sikhen med sin store turban indgår i det guddommelige fællesskab, *khalsa*.

Skæg er heller ikke bare for sjov for muslimer. Størrelsen kan blandt visse muslimske grupper afspejle positionen i samfundets sociale orden. Derfor må nogle ikke bære mere skæg, end der kan være i en hånd. Og i den arabiske verden betragter mange muslimer, jøder og kristne skæg som udtryk for visdom og Guds velsignelse. Det er derfor, at vi i mange af Jerusalems kirker kan se billeder af Jesus med skæg.

I den hellige stad kan vi også genkende de ortodokse jøder på, at de ud over skæg bærer bredskygget hat og slangekrøller. Det står nemlig i Toraen, den jødiske bibel, at de ikke må runde håret på tindingerne eller studse deres skæg og altid skal have tildækket deres hovedbund. Ofte skynder de sig også ned til Grædemuren. De ortodokse jøder anerkender nemlig ikke Jesus som deres Messias og venter stadigvæk på, at den 'rigtige' Messias skal komme. Derfor må de altid småløbe fra sted til sted. De skulle jo nødigt risikere at komme for sent til den længe ventede ankomst.

Hverken amishfolket eller de ortodokse jøder mener, at tro kan eller skal udvikle sig med tiden. Det er nok et umuligt ønske. Mange forskere har i hvert fald de senere år noteret sig et nyt fænomen, som de kalder for patch-worktro. I højere og højere grad vælger mange troende elementer fra forskellige religiøse retninger, så troen passer til netop deres ønsker og behov. Det er ikke længere nok at være kristen, mange erklærer sig som en kristen buddhist eller omvendt. De abonnerer for eksempel på buddhismens løfte om et liv uden lidelse og kristendom-mens bud om næstekærlighed.

Denne opløsning af grænserne mellem forskellige trosretninger har også vundet indpas i Vestens erhvervsliv. Smarte konsulenter påstår, at de kan skabe gode ledere ved hjælp af yoga, mindfulness og coaching. Alt sammen med inspiration fra hinduisme og buddhisme.

Når troen er sluppet løs på et marked, bliver den til et produkt. Og den bliver målt på markedets betingelser: Vir-ker den, eller kan jeg få den bedre eller billigere et andet sted? Vi shopper rundt blandt de forskellige muligheder for tro, som religionerne tilbyder.

På den måde er tro blevet et produkt på linje med

skummetmælk og hårspray, og så er det dens virkning og ikke dens sandhed, der er interessant. Sandhed bliver relativeret. Det afslører sig i sproget. Vi siger: "Enhver er salig i sin tro" med streg under sin. Et andet udtryk, der siger det samme, er: "Min tro er lige så god som din tro."

Men vi kan også miste troen – på os selv, på noget guddommeligt eller på livet. Vi kan falde i et dybt, sort hul, så vi holder op med at tro på, at det er værd at leve og derfor gør en ende på det. Tro handler altid om liv og død.

Når vi står en sommermorgen og nyder den smukke solopgang over havet, kan vi blive overmandet af en følelse af lykke og taknemlighed. Religionspsykologer kan fortælle os, at følelsen hænger sammen med, at vi oplever solopgangen som noget helligt. Oplevelsen er så stor og smuk, at vi kan komme til at føle, at vores jeg bliver til ét med det store kosmiske univers. Der er ikke nødvendigvis tale om at tro på noget guddommeligt. Vægten ligger snarere på, at vi oplever, at vores tilværelsen får mening og indgår i en sammenhæng, der er større end os selv.

FREMTIDSTRO

FUNDAMENTALISTERNE

Den amerikanske sociolog Peter Berger sagde engang, at religiøs tro ikke havde fremtiden for sig. Det *troede* han i hvert fald i 1968. Dengang profeterede han i avisen New York Times, at der i år 2000 ikke ville være ret mange kirker, synagoger eller moskeer tilbage. De ville være lavet om til supermarkeder, koncerthuse og hoteller. Der ville kun eksistere små grupper af troende i en verden, hvor religionerne ellers havde mistet betydning.

Det skulle gå helt anderledes. Allerede 11 år efter, i 1979, blev vi vidne til den islamiske revolution i Iran. Shahen Mohammad Reza Pahlavi, der havde hersket uindskrænket over landet og ikke mindst dets rigdomme siden 1941, blev smidt på porten af en rasende befolkning. De fleste politiske iagttagere blev overrasket over Ayatollah Khomeinis magtovertagelse og hans indførelse af en teokratisk stat i Iran. Journalister og religionskritikere begyndte derfor at tale om et fundamentalistisk præstestyre i Teheran.

Ordet 'fundamentalisme' blev dog første gang brugt af konservative teologer og kristne i USA i begyndelsen af 1900-tallet. De udgav endda en skriftserie, som de kaldte *The Fundamentals*. De ønskede at forsvare en række fundamentale – altså grundlæggende og ufravigelige – trossætninger mod det, de anså for at være en udvanding af den oprindelige kristendom: For eksempel ville de udrydde enhver tvivl om, at Maria virkelig havde været jomfru, da hun fødte Jesus, og om, hvorvidt Bibelens tekster virkelig var Guds ord.

Det er dog ikke dem, vi tænker på i dag, når vi hører eller bruger ordet. Snarere er det muslimer med en kalasjnikov over skulderen, langt mullahskæg og en turban. Vores ændrede forestilling skyldes ikke bare Irans islamiske revolution, men også billederne af Osama bin Laden i Afghanistans huler, terrorangrebet mod New York den 11. september 2001 og Islamisk Stats brutale ødelæggelser og henrettelser.

Det kan lede til en fortegnet opfattelse af, at tro er det samme som fundamentalistisk overbevisning om, at der kun findes en sand tro. Og at tro derfor ikke hører hjemme i den moderne verden, men i en mørk middelalder, som menneskeheden heldigvis for længst har lagt bag sig.

PROFETIEN, DER IKKE HOLDT STIK

Der er da også skrevet kilometervis af bøger om, hvordan troen vil forsvinde, efterhånden som samfundet bliver mere og mere moderne. Men det er ifølge den tyske sociolog Hans Joas en fejlagtig opfattelse. Det er aldrig lykkedes hverken Berger eller nogen anden religionskritiker at fremføre et eneste holdbart bevis for en sammenhæng mellem moderne samfund og en svindende gudstro.

Årsagen er den tese, som Berger og andre religionskritikere har lagt frem. Den hviler på en bestemt opfattelse af, hvad religiøs tro er. Nemlig utilstrækkelig og usikker viden. Og teologi – altså det videnskabelige studium af Gud og tro – betragter de som pseudovidenskab og et fejlagtigt forsøg på at forstå verden, og hvem vi er som mennesker.

Andre religionskritikere mener, at mennesker kun har en religiøs tro i det omfang, de oplever social nød og undertrykkelse. Samtidig med en materiel fremgang vil deres behov for religiøs tro derfor forsvinde. Det tydeligste udtryk for denne tankegang finder vi hos den tyske 1800-talsfilosof Karl Marx, der opfattede religion som "det nødstedte menneskes suk" og "opium for folket".

For Marx og ligesindede er religiøs tro at betragte som en slags kompensationsfantasi, der indskrænker vores evne til at tænke selvstændigt og kritisk. Og de hævder, at tro skaber en politisk passivitet, der accepterer, at diktatorer og militærchefer hersker uindskrænket. Religiøse mennesker kan jo ikke være særlig interesserede i denne verdens anliggender, kun i det hinsides, er tankegangen. Derfor ser de ingen grund til at kæmpe mod politisk uretfærdighed. Det står – som vi skal se – langtfra til troende.

Fælles for Berger og co. er, at de opfatter religiøs tro som en menneskelig fejludvikling, der kan afhjælpes, når den rette medicin, dvs. oplysning og viden, er til stede. Det sker, i takt med at naturvidenskabelige forskere når til stadig flere og dybere erkendelser om, hvordan verden hænger sammen. At modernisering går hånd i hånd med en svindende gudstro, bliver i denne optik en selvopfyldende profeti – der blot har vist sig ikke at holde stik.

SOM KIERKEGAARD SAGDE

Ifølge Joas er det galt med selve religionskritikernes udgangspunkt. Man kan ikke bare opstille tro og viden, religion og oplysning, som hinandens absolutte modsætninger. I stedet bør vi opfatte tro på en helt anden måde. Tro er ikke, som Berger forestillede sig i 1968, et spørgsmål om at tilegne sig viden om for eksempel verdens skabelse, men om tillid.

Tro handler for Joas om, hvad der sker med os som mennesker, når vi møder andre mennesker. Vi bliver til som mennesker, når vi møder hinanden, taler med hinanden og lærer at elske hinanden. Vi bliver nødt til at tro på hinanden, hvis mødet mellem mennesker skal lykkes.

Et godt eksempel er Bibelens to skabelsesberetninger. Den første skabelsesberetning beskriver, hvordan Gud skabte lyset og de øvrige livsbetingelser for mennesket. Da der både var vand og dyr, var tiden inde til, at Gud skabte mennesket i sit billede.

I den anden skabelsesberetning er rækkefølgen modsat. Her begynder Gud med at forme mennesket af jord og blæse livsånde i dets næsebor, så det bliver et levende væsen. Det er Adam, som skal passe på Edens Have. Til selskab får han sin Eva, bygget af hans ribben.

De to skabelsesberetninger skal ifølge Joas ikke konkurrere med den naturvidenskabelige indsigt i, hvordan verden er blevet skabt, og efter hvilke fysiske love den fungerer. De er snarere fortællinger, der tyder vores eksistensvilkår som skabte mennesker, der hele tiden står i en livsbekræftende relation til både Gud og hinanden. Tilværelsen skal vi forstå som noget, vi bestandigt får givet, og dermed er vi afhængige af andre mennesker, hvis vores liv skal lykkes.

Eksistens og skabelse er kort sagt vores grundvilkår. Det vigtigste i livet er at blive født ind i en verden med andre mennesker. Men lige netop denne begivenhed, den mest afgørende i hele vores tilværelse, er vi ikke selv herrer over. Vi må affinde os med vores skabte livsvilkår og få det bedste ud af dem.

Måske bliver tilværelsen en lang kamp om at finde sig til rette med sine forældre, sin opvækst og de forhold, som vi lever under. Måske bliver livet til en fest, hvor verden lægger sig til rette for os. Det ved vi aldrig på forhånd, men altid kun ved at skue tilbage og vurdere ved livets afslutning, om det gik, som vi havde håbet. Livet leves forlæns, men forstås baglæns, som vores mest berømte filosof Søren Kierkegaard sagde i midten af 1800-tallet. Det er skabelsestro, kunne vi også sige.

ET FORTIDSLEVN?

Men sådan er det ikke nødvendigvis for alle. Nogle af os vælger at fortolke vores liv og eksistens som udslag af naturens gang; at en biologisk proces med en sædcelle og et æg har skabt os. Det har ikke meget med religiøs tro at gøre. Vi kan kalde det for en ateistisk opfattelse.

Ateister afviser eksistensen af en personlig gud eller et højere styrende princip. De har i de sidste par hundrede år udfordret alverdens troende. For kunne det være, at deres tro blot var udtryk for fri fantasi?

På den måde har ateister haft en enorm betydning for troende mennesker. Nogle har mistet deres tro, fordi de er blevet overbevist om, at deres tro netop var overtro, og at verden slet ikke hang sammen på den måde, de ellers troede. Andre er omvendt blevet stærkere i troen, fordi de har skullet finde nye og måske mere dybfølte argumenter for deres tro. En af dem er den russiske forfatter Fjodor M. Dostojevskij. Han sagde, at han "hellere ville være med Kristus end med sandheden", hvis han en dag blev forelagt beviset for, at sandheden om menneskelivet ikke skulle findes hos Kristus.

Helt modsat ateisterne forstår de fleste troende verden deistisk, dvs. at de i hver solsort, hvert træ og hvert menneske aner en guddommelig skaber, som blot i en eller anden grad har overladt sit skaberværk til vores fri afbenyttelse. Det er to vidt forskellige opfattelser af, hvem vi er, og hvordan vi skal forstå det, at vi er til.

Dermed ikke sagt at alle troende vil svare ens på de to spørgsmål. Langtfra faktisk. For enhver kultur har sin egen unikke fortælling om ikke bare den kulturs begyndelse og udgangspunkt, men om hele verdens. Den berømte undtagelse fra den regel er buddhismen. Den har ingen forklaring på, hvordan verden er opstået. Alt er en evig cyklus af død og genfødsel i nye former.

Disse vidt forskellige skabelsesberetninger, som vi kan kalde dem i mangel af et bedre ord, udtrykker tilsammen, at verden er åben for fortolkning. Og at den i sig selv ikke kræver at blive forstået på en ganske bestemt måde. Det er måske også derfor, vi har så mange vidt forskellige trosretninger verden over.

Ikke alle videnskabsmænd vil dog være enige i den konklusion. Det gælder for eksempel den engelske biolog Richard Dawkins, der er den mest kendte fortaler for den såkaldte *ny ateisme*. Årsagen til det lille adjektiv foran 'ateisme' skal vi finde i, at Dawkins og hans kampfæller de seneste år har indledt en meget aggressiv modstand mod enhver form for tro. I 2009 stod Dawkins for eksempel i spidsen for en kampagne i London. På en hel masse busreklamer opfordrede han briterne til at opgive alle former for religiøs tro. Vi skulle bare nyde livet, når der nu højst sandsynligt ikke var nogen gud.

I sin bog fra 2006 *Illusionen om Gud* betoner han også en fundamental forskel på tro og viden, religion og videnskab. Religiøs tro vildleder os mennesker, fordi vi holder inde med at tænke, hvis vi tror på den ene eller anden guddom.

Dawkins går så vidt som til at erklære selve troshandlingen for ond, fordi den ikke kræver noget bevis og ikke tåler at blive modsagt. Religiøse mennesker holder sig ifølge Dawkins ikke tilbage fra at anvende vold for at lukke munden på deres kritikere. I USA har radikale kristne dræbt flere læger, alene fordi de udførte aborter på kvinder, der ikke ønskede at gennemføre graviditeten. Og i lande som Serbien, Rusland og Polen må homoseksuelle lide den tort at blive chikaneret og overfaldet af kristne selvtægtsgrupper.

Den amerikanske genetiker Jerry Coyne må siges at

være enig med Dawkins. Han har erklæret, at den virkelige krig står mellem fornuft og overtro. Og at vi allerede er vidne til den alle de steder, hvor Vesten bekæmper Islamisk Stat. Videnskab er ifølge Coyne den eneste form for fornuft, mens religion er den mest almindelige form for overtro.

Hvis Coyne og Dawkins har ret, kan vi undre os over, hvorfor der fortsat er så mange troende mennesker verden over. Vi ved ikke præcist, hvor mange af klodens indbyggere, der tror. Vi ved heller ikke præcist, hvorfor de tror, eller hvad de mener, tro er. Hvis vi kunne spørge dem alle sammen, ville vi nok få lige så mange forskellige svar, som der er mennesker. Det er – som læseren sikkert vil opdage – denne Tænkepauser også et godt eksempel på. For som teolog beskæftiger jeg mig primært med den kristne tro. Det udgangspunkt må uafværgeligt spille ind, når vi skal definere noget så personligt og – i ordets mest bogstavelige forstand – inderligt som tro.

Den tiltrækningskraft, som tro i alle sine former fortsætter med at udøve på os ellers ret så moderne mennesker, har Dawkins dog – ifølge ham selv – en god forklaring på: Vi skal simpelthen betragte religiøs tro som et tilfældigt biprodukt i den menneskelige evolution. Måske lidt ligesom vores blindtarm skulle være et nu overflødigt levn fra et tidligere udviklingsstadium. Desværre gennemfører Dawkins ikke et videnskabeligt bevis for, hvordan han mener, at religiøs tro rent biologisk er opstået og har udviklet sig.

DAWKINS' CIRKELARGUMENT

Ifølge den engelske fysiker og teolog Alister McGrath benytter Dawkins sig nemlig af et såkaldt cirkelargument. Det er en kendt form for fejlslutning blandt filosoffer. Sådan set går det ud på, at man forudsætter den tese, som man egentlig vil bevise, som et faktum. Dawkins mener for eksempel, at der ikke er nogen gud. Derfor benytter han sig kun af argumenter, der bekræfter hans antagelse om, at der ikke er nogen Gud. Ifølge McGrath er det altså hverken underligt eller overraskende, at Dawkins når frem til den konklusion, at Gud ikke findes.

Den middelalderlige teolog Thomas Aquinas brugte også et cirkelargument. Hans ærinde var dog det stik modsatte af Dawkins'. Han forsøgte at bevise Guds eksistens ved at sige, at der var brug for en gud i verden. Hvis ikke der var en gud, kunne verden ikke eksistere. Og eftersom verden eksisterer, måtte der jo være en gud. Men ifølge McGrath kan man ikke bruge Dawkins' eller Thomas' cirkelargumenter til noget som helst. De beviser nemlig hverken det ene eller andet.

Dawkins er på den måde en slags fundamentalist. Han afviser klart og tydeligt, at der findes en gud, vi mennesker kan tro på. Hans eneste hellige skrift er biologen Charles Darwins epokegørende bog *Arternes oprindelse* fra 1859.

Dawkins' kategoriske afvisning af et andet verdenssyn end hans eget genfinder vi i højreorienterede kristne grupper. De benægter nærmest enhver af naturvidenskabens antagelser om livets opståen. Dawkins understreger omvendt, at alene biologer, geofysikere og palæoantropologer kan besvare vores spørgsmål om, hvordan livet er opstået, og hvad meningen er med det. De fundamentalistiske troende – uanset om de er kristne, muslimer eller noget helt tredje – mener til gengæld, at svaret på de spørgsmål kun kan findes i troen på en eneste gud.

Den engelske naturvidenskabsmand Peter Medawar har forsøgt at formulere et tredje standpunkt, midt imellem Dawkins og troens fundamentalister. For hvis begge parter fra hvert deres ringhjørne insisterer på, at den andens verdenssyn slet ikke har hold i virkeligheden, går diskussionen om tro og viden, religion og naturvidenskab, helt i stå.

Medawar har i sin bog *The Limits of Science* argumenteret for, at tro og naturvidenskab svarer på vidt forskellige former for spørgsmål. Alle dem, der angår livets mening, må vi søge til religion og filosofi for at få svar på. Men de spørgsmål, der handler om, hvad for eksempel universet består af, og hvordan det er bygget op, skal besvares af for eksempel astronomer, fysikere og biologer.

Medawar understreger dog, at der findes en grænse for selv alverdens videnskabsmænd og -kvinder. Uanset hvor stor deres viden bliver, vil de aldrig kunne svare på, hvad formålet med livet er, eller hvorfor menneskeheden er opstået.

Så hvis biologer og fysikere forsøger at give svar på, hvad livets mening er, vover de sig ind i en helt anden arena. Pludselig arbejder de ikke længere inden for en naturvidenskabelig disciplin, men har gjort deres fag til en ideologi, dvs. en livsforklaring. Den samme anklage er blevet fremført over for kommunisme, nazisme og maoisme. Alle sammen totalitære ideologier, der ville kontrollere og forklare alle aspekter af tilværelsen.

Vi hverken kan eller skal benægte, at de naturvidenskabelige landvindinger de sidste par hundrede år har været en konstant udfordring for alle troende. De fleste troende anså for eksempel længe Darwins evolutionsteori for at underminere den kristne opfattelse af Gud som skaber af jord og himmel. Det gjorde Darwin dog ikke selv. Tværtimod så han dem som udtryk for, hvor mangfoldig Guds verden er.

TROENS FORKÆMPERE

FRA DRØM TIL MARERIDT

I 1700-tallet begyndte den tyske filosof Hermann Sa-
muel Reimarus at læse Bibelen på en helt ny måde – med
fornuftens briller. Med dem stillede han skarpt på, at den
faktisk fortæller to historier om, hvem Jesus er.

I den ene vil Jesus gerne være verdens frelser, men mis-
lykkes med sit projekt, da han dør på korset. Den anden
handler om de første kristnes tro på, at den korsfæstede
Jesus alligevel er verdens frelser. Til trods for at han blev
henrettet. Derfor kalder de ham for Kristus, der er den
græske oversættelse af Messias, det hebraiske ord for "den
salvede".

Reimarus' skarpe skel mellem Jesus og Kristus har
inspireret mange filosoffer og religiøse tænkere siden da.
Det gav nemlig anledning til at betragte Jesus alene som
et etisk forbillede som menneske og ikke en guddommelig
person.

Det var Jesu unikke etiske leveregler om at elske vores
fjender og vende den anden kind til, hvis vi bliver slået
på den første, som vi skulle fokusere på. Det var denne
radikale tankegang, som gjorde kristendommen overlegen
i forhold til andre religioner og kulturer, mente Reimarus.
Ikke-kristne kunne endda nærmest betragtes som ucivilise-

rede barbarer. Det var en indstilling, der passede som fod i hose til europæisk ekspansionspolitik i 1800-tallet: Stormagter som Frankrig, Belgien og Storbritannien indledte et kapløb om Afrika, som var kendetegnet af de tre k'er: kolonisering, kultur og kristendom.

De europæiske ledere drømte om, at resten af verden skulle blive som Europa. Det ville ske, når menneskene i Afrika fik del i kristen kultur og etik. Drømmen blev aldrig realiseret, men skudt i stykker, da Første Verdenskrig brød ud i 1914.

De kristne i Europa kunne ikke leve i fred med hinanden eller arbejde i fællesskab om at udbrede den kristne og europæiske civilisation til resten af verden. Barbariet i skyttegravskrigen overraskede alle. Det var tydeligt, at vi europæere ikke var mere civiliserede end alle andre mennesker.

VIL DU MED TIL FEST?

Tyskland tabte Første Verdenskrig, men det var herfra, inspirationen til en ny tids tanker om tro kom. Især fra de to teologer Karl Barth og Rudolf Bultmann, som byggede videre på Reimarus' opdeling.

Barth begyndte med at hilse Marx' kritik af religion velkommen. Han havde sammen med blandt andre filosoffen Friedrich Nietzsche og psykologen Sigmund Freud afsløret, hvor galt det kan gå, hvis vi opfatter troen som en selvstændig menneskelig aktivitet. Troen kommer altid til kort, hvis dens eneste opgave er at opfylde vores længsel efter og drømme om det perfekte liv.

Hvis vi glemmer, at troen kommer fra Gud, så begynder vi at dyrke os selv som guder. Og hvis vi tildeler politiske ideologier guddommelig status, glemmer vi, at de blot er menneskelige og dermed langtfra fuldkomne forsøg på at forklare verden.

Barth var især stærk modstander af nazismen. Adolf Hitlers brutale ideologi og magtanvendelse var et skrækeksempel: en almægtig politiker, som tiltager sig absolut magt og betragter sig selv og sine landsmænd som et herrefolk, der skal udrydde andre mennesker. Et jødefrit Tyskland blev deres tros fremtidsmål, og krig og vold vejen derhen.

I stedet skal forholdet vendes om. Vi må erkende, at vi først bliver os selv, når vi svarer bekræftende på Guds invitation til at tro. Tro er altså ikke en menneskelig viljeshandling, men en anerkendelse af, at vi allerede lever i en virkelighed, der er bestemt af Gud. Vi skal blot afgøre, om vi vil lade troen på Gud gælde for vores egen eksistens. Den kristne tro er derfor mest af alt et svar på en invitation til en fest, der allerede er i gang. Invitationen har dermed ifølge Barth forudbestemt afgørelsen. For hvem vil ikke gerne med til en fest?

Også Bultmann ønskede at tage det naturvidenskabelige verdensbillede alvorligt. Derfor gik han på jagt efter alle de steder i Bibelen, hvor Jesus bliver beskrevet som mirakelmager og undergører.

Alle disse overjordiske lag ønskede Bultmann at skrælle af og finde frem til kernen i Jesu forkyndelse: Vi skal beslutte os for, om vi tror, og hvordan vi forstår os selv som mennesker. Bultmann afviste også, at Jesus skulle være genopstået i virkeligheden; det var ikke en historisk begivenhed, men ren myte. Grunden til at fejre påsken skulle derfor ikke være Jesu fysiske opstandelse, men disciplenes tro på Jesus, der rejste sig som en ny tro i form af kristendom.

Bultmanns forsøg på at fortolke Jesu opstandelse til at være i overensstemmelse med et moderne naturvidenskabeligt verdensbillede blev dog stærkt kritiseret. Blandt andet af den danske teologiprofessor Regin Prenter.

Det var ifølge Prenter helt galt at tage udgangspunkt i disciplenes tro og opstille den som forudsætning for, at opstandelsen overhovedet skulle have fundet sted. Det var at bytte om på begivenhederne. Og Prenter hævdede, at Bultmann gjorde troen afhængig af menneskers fromhed – eller mangel på samme. Tro ville netop da blive til et anlæg i os, så vi selv kunne afgøre, om vi kan tro, og om det, vi tror på, er sandt.

ALT PÅ ET BRÆT

Striden handler om den tomme grav. I Markusevangeliet i Det Nye Testamente kan vi læse, at Jesu grav er tom påskemorgen efter hans korsfæstelse langfredag. Det er de tre kvinder, der kommer for at salve hans lig, som står bag den skelsættende opdagelse. Inde i graven finder de ikke liget af Jesus, men en ung mand i hvide klæder, som fortæller dem, at Jesus er opstået. Han beder kvinderne om at fortælle disciplene, hvad der er sket.

Over de næste par dage viser Jesus sig for blandt andet

Peter, Jakob og Thomas. Især Thomas har svært ved at tro, at det virkelig er Jesus, han står over for. Han vil have et bevis på, at det er den selvsamme Jesus, som døde på korset. Thomas får derfor lov til at stikke sin hånd i Jesu side, så han kan mærke naglemærkerne fra korsfæstelsen. Først da tror han på, at Jesus er opstået. Men fordi han kræver bevis for sin tro, skuffer han Jesus. For salige "er de, som ikke har set og dog tror". Af den grund må Thomas lide den tort også at blive kaldt "Den vantro Thomas".

Den skepsis klinger fortsat med hos enhver kristen. Den kan slå over i tvivl og afvisning, men kan også være den motor, der gør troen dybere og mere intens.

Opstandelsen må også have optaget de første kristne menigheder rundt omkring Middelhavet. Det ved vi takket være de breve, som apostlen Paulus sendte til dem i Rom og i den græske by Korinth, og som udgør en del af Det Nye Testamente. I det første af to breve til Korinth refererer Paulus i hvert fald til, at der er visse personer, der påstår, at Jesu opstandelse fra de døde umuligt kan have fundet sted.

Paulus' svar på tiltalen er, at hvis der ikke findes nogen opstandelse fra de døde, så er Jesus ikke opstået som Kristus. Dermed er Jesu prædiken og menighedens tro tom. Paulus sætter altså alting på ét bræt. Hvis Jesus ikke er opstået, så er alt, hvad der sker i menighedens gudstjeneste løgn og latin. Vi ved ikke, om Paulus fik overbevist dem, der i Korinth ikke troede på Jesu opstandelse. Men som kristen kommer man ikke uden om at tro på den tomme grav og opstandelsen.

DEN OMVENDTE HISTORIE

Det Nye Testamente er altså ikke en historisk Jesus-biografi, men en trosfortælling. De mange beretninger om Jesu liv danner en mosaik af historier. Alle sammen peger de frem mod, at Jesus genopstår som Kristus fra de døde.

Hvert af Det Nye Testamentes fire evangelier er struktureret efter et princip, der vender op og ned på det, der er rigtigt og forkert, sandt og falsk. Princippet kan vi kalde for troens grundfigur – og den kan vi genfinde i en eller anden form i formentlig alle religioner. Døden er ikke livets afslutning, men begyndelsen til et nyt liv. Døden er opslugt og besejret. Den har i kristendommen mistet sin brod ikke bare over for Jesus, men over for ethvert menneske. Vi må tro på, at Jesus er død i alles sted.

Når vi derfor hører beretningerne om Jesu lidelse, død og opstandelse, så kan vi enten acceptere dem som begivenheder, der angår os selv, eller som begivenheder, vi ikke kan tro på. Vi kan ikke forholde os neutralt til hans opstandelse, fordi den ikke blev gengivet af neutrale iagttagere. Men af Maria Magdalene og de øvrige disciple, der begyndte at tro, da de mødte Jesus som den opstandne Kristus.

Det er påskens begivenheder, der er centrum for kristendommen. Som kristen skal man altså forstå hele eksistensen i lyset af, at døden har mistet sin kraft. Og hvis vi tror på Gud, er det ikke, fordi vi selv har truffet en afgørelse om at tro eller ej, men fordi vi lader en afgørelse gælde, som allerede blev truffet ved, at Jesus døde og genopstod.

Opstandelsen er altså noget helt enestående, uden for enhver menneskelig erfaring, som ifølge evangelierne og Paulus' breve netop kun kan være genstand for tro. Derfor retter vi os med vores tro mod fremtiden og alt det, som endnu ikke er synligt. Tro er med andre ord en fast tillid til, at det, vi håber på, også vil indtræffe, og en overbevisning om, at det, vi ikke kan se, alligevel findes. Og det uanset om troen hedder kristendom, asatro, hinduisme eller noget helt fjerde.

INSHALLAH!

Jøder og muslimer kender ikke til de kristnes tætte sammenbinding af tro og opstandelse. Ingen af dem anerkender, at Jesus genopstod fra de døde som menneskehedens frelser.

Den jødiske filosof Martin Buber betragter endda ikke jødedommen som et trossystem, men som et budskab til social og åndelig berigelse. Kristendom og jødedom er ifølge Buber to vidt forskellige former for tro. Sidstnævnte hviler på en grundlæggende tillid til Gud.

Jødedommen handler derfor mere om, hvad jøder skal gøre, end hvordan de tror. Ifølge Toraen viser den rette handling, hvad den jødiske tro er, og hvad der svarer til Guds vilje. Tro er for den praktiserende jøde derfor at leve i gudsfrygt. Den sætter en ramme for, hvordan man får et langt og lykkeligt liv. Det kommer til udtryk i alle områder af livet, store som små. Det er for eksempel vigtigt at skille det rene fra det urene. De jøder, der ønsker at leve efter Guds ord til punkt og prikke, har for eksempel to sæt service. Det ene sæt tallerkener, knive, gafler og krus bliver brugt til kødretter. Det andet sæt til retter med mælk.

I 5. Mosebog står der nemlig: "Du må ikke koge et kid i dets moders mælk." Det bud tolker de skriftkloge rabbinere som udtryk for, at jøder ikke må blande kød og mælk. Og endda skal vente op til seks timer mellem at indtage mælk efter at have spist kød. Desuden skal de opbevare mælk og kød hver for sig.

Nogle jødiske familier har derfor to opvaskemaskiner. Andre jødiske familier kan klare sig med én opvaskemaskine med to bakker. Enhver er salig i sin tro, har vi jo allerede lært.

Hvis vi undersøger ordet 'islam', kan vi også blive klogere på, hvordan muslimer opfatter deres tro. Islam betyder nemlig den fuldstændige hengivelse til og underkastelse under Allahs vilje. Den opfattelse kan vi illustrere med anekdoten om en muslimsk lærd, der var faldet i floden Tigris, der løber gennem Irak. På spørgsmålet, om hans naboer skulle redde ham, svarede han nej. På spørgsmålet, om han så hellere ville dø, svarede han også nej. Hvad skulle de så gøre? Som svar forklarede han dem, at han ikke selv var herre over sin egen vilje.

I islam er tro altså lig med skæbnetro. Men anekdoten viser også, hvor dyb en tillid, muslimer har til, at Allah har lagt alting til rette på forhånd. Det er nok derfor, at så mange muslimer bruger udtrykket *"inshallah"* – om Gud vil.

DUS MED GUD

Tro kan altså bringe ro og klarhed i stedet for kaos og tvivl. Det samme oplevede Augustin, der skulle blive en af de vigtigste skikkelser i kristendommens tidlige historie. Han stammede fra Nordafrika og endte efter et par religiøse omveje med at vedkende sig den kristne tro i 387.

Den hårde vej skildrer han i sine berømte *Bekendelser*. Som Milanos officielle taler og lærer i retorik var han inden sin omvendelse ved at gå til. Han havde åndenød og smerter i brystet, og det var besværligt at tale højt og længe.

Kombineret med sin ubeslutsomhed om, hvorvidt han skal "afdø fra døden og leve for livet", sætter han sig i sin fortvivlelse ud i sin have for at græde alene. Mens han sidder i haven, hører han fra nabohuset en dreng eller pige synge: "Tag og læs, tag og læs". Augustin forstår ordene som en guddommelig befaling om at slå op i Bibelen og læse det første afsnit, han falder over.

Han slår op på Paulus' Romerbrev. Her kan han læse, at man ikke skal leve i svir og druk, ikke løsagtigt og udsvævende, ikke i kiv og misundelse. I stedet skal man iklæde sig Herren Jesus Kristus og ikke være optaget af det kødelige begær.

Augustin følte sig ramt midt i hjertet. Og måske også afsløret i den måde, han selv levede på med for mange kvinder og for meget vin. Han behøvede ikke at læse længere. Der strømmede et vishedens lys ind i hans hjerte, og tvivlens mørke forsvandt. Han havde fået det svar, han havde længtes efter.

Augustin sammenfatter i *Bekendelser* indholdet i sin nye tro. For eksempel når han siger: "du, Gud, har skabt os til dig, og vort hjerte er uroligt, indtil det hviler i dig." Tro er for Augustin tillid og tryghed.

Udgivelsen af hans *Bekendelser* definerer også en helt ny litterær genre, selvbiografien. Her taler for første gang en jeg-bevidsthed, som samtidig videreudvikler en lang tradition for, hvordan vi taler om tro på. Den troende taler ikke *om* Gud, men *til* Gud i form af bekendelser, bønner, salmer eller klageråb. Troen bliver for Augustin og alle kristne herefter til en personlig relation til Gud, et jeg-du-forhold og en erfaring af, at troen bliver givet til os udefra. Vi skal ikke afgøre, om vi vil eller kan tro, men om vi vil tage imod troens gave.

FRA LUDER TIL LUTHER

Augustins oplevelser i haven minder om Paulus' afklaring et par århundreder forinden. På vejen til Damaskus mødte han i et syn Jesus. Det forandrede ham helt og aldeles. Fra at jage kristne forvandles han til en af de vigtigste forkæmpere for troen på Jesus som Guds søn. For både Augustin og Paulus var der tale om, at der pludselig blev vendt op og ned på deres liv. De fik en ny tro og en ny retning på deres tilværelse. Det samme skete for en tysk studerende ved navn Martin Luder i begyndelsen af 1500-tallet.

Hans far, Hans Luder, ønskede, at sønnen skulle blive til noget. Derfor tvang han ham til at læse jura ved universitetet i Erfurt. Men det gik anderledes, end far befalede.

En julidag i 1505 blev Martin på vej tilbage til universitetet fanget af et stormvejr.

Liggende på jorden og sikkert drivvåd råbte han til himlen, at han ville gå i kloster, hvis han slap levende fra uvejret. Som sagt, så gjort. Martin trodsede farens drøm om social opstigning og blev munk i Erfurt. Han kunne ikke modstå den overjordiske kraft, han havde følt på den åbne mark.

Klostret blev dog til en prøvelsernes tid for den unge Martin, hjemsøgt af dødsangst og frygten for Guds vrede på dommens dag. Det var en følelse, han delte med næsten alle mennesker i sin samtid. Havde de nu udført tilstrækkeligt med gode gerninger, og hvor hård ville straffen blive for deres synder?

Vejen ud af dødsangsten og frygten for Guds vrede blev for Martin lang og besværlig. Han fik hjælp af Johann von Staupitz, hans skriftefar og sjælesørger. Han indskærpede over for den unge munk, at Kristus ikke straffer, men tilgiver og frelser.

Staupitz' indsats bar frugt. På sit studerekammer faldt Martin – ligesom Augustin – over ordene fra Paulus' Romerbrev om, at Gud frelser ved tro og ikke ved gerninger. Det skete i foråret 1518, og opdagelsen var så skelsættende for ham, at han skiftede efternavn til Luther.

Han ville overføre en del af det græske ord for den frie, den befriede og befrieren, *"eleutherios"*, til sit familienavn. Derfor måtte "d" skiftes ud med "th". Luder blev til Luther, og frihed fra angsten for Guds dom hans teologiske program. Med sit navneskifte blev hans efternavn endda til et teologisk *brand*.

Nu skulle mennesker ikke længere leve i frygt for, om Gud ville straffe dem for deres gerninger på dommedag. Troen skulle være en følelse af tillid vakt af den, som vækker vores tillid, dvs. Gud. Og en tillid til, at Guds løfte om tilgivelse gælder for enhver.

Luther ville vise, at Gud nærer omsorg for enhver. Alle mennesker kan hvile i tillid til, at det, som vi ikke kan gøre, det har Jesus allerede gjort ved at dø og genopstå for os fortvivlede mennesker. Vi er i vores tro sat fri fra at frygte død, skærsild og helvede og kan bruge både vores kræfter og penge til at få livet til at lykkes i familie, samfund og kirke.

Tanken er, at vi altid står over for Gud og over for medmennesket. Over for Gud er vi frie mennesker gennem tro, mens vi er bundet til at vise næstekærlighed over for medmennesket. Vi er altså både frie og bundne på samme tid.

Vi skal ikke tænke over, hvordan livet bliver efter døden. Alt det tager Gud sig af. I stedet for skal vi bruge al vores energi til at hjælpe hinanden med at leve et godt liv på jorden. Bag Luthers ideer kan vi også spore en tanke om lighed. Han betoner, at alle uanset rigdom og uddannelse er syndere og har brug for Guds tilgivelse.

Luthers samfundssyn er kort sagt religiøst. Gud står bag samfundets indretning. Det er ordnet, så mennesker både har ansvar og pligter. Alle skal være lydige over for Gud og deres overordnede. Samtidig skal vi tage ansvar for de mennesker, som er underordnet os. Fyrsten skal være en god fyrste og ikke være bange for at udøve magt; husfaderen skal være en god hustader og styre sit hushold, så det adlyder loven og evangelierne; bageren skal udøve sit næstekærlige kald ved at bage godt brød. Alle er lige over for Gud og hinanden i kaldet, men tilhører forskellige samfundsgrupper.

DEN FLYVENDE HOLLÆNDER

Når man står på torvepladsen ved St. Lamberti-kirken i den tyske by Münster, kan man se tre store jernkurve hænge oppe på det store kirketårn. Det har de gjort siden 1536 til skræk og advarsel for byens borgere. Og for at minde dem om, at det år blev hollænderen Jan van Leiden og to af hans sammensvorne dræbt med en kniv og hængt op i kirketårnet, så fuglene kunne forlyste sig med at spise deres afdøde kroppe.

Nogle år forinden var van Leiden til biskoppens store fortrydelse blevet udnævnt af bystyret til konge af Münster. Det var dog ikke et helt almindeligt rige, som van Leiden stillede sig i spidsen for.

Han havde en vision om, at Kristus ville komme igen i Münster og oprette Det Ny Jerusalem i byen. Drømmen om Guds evighedsrige kunne jo ikke lade sig realisere i det rigtige Jerusalem, fordi den by var besat af muslimerne. Gud havde derfor valgt Münster og van Leiden til at gøre drømmen til virkelighed.

Efter sin kroning gik van Leiden effektivt til værks for at gøre Münster klar til Kristi genkomst. Han afskaffede barnedåben til fordel for voksendåben. Det var et enormt brud med alle regler på den tid. Barnedåben blev betragtet som en nødvendighed, hvis det nyfødte barn ikke skulle brænde op i Helvede. Men Münsters borgere skulle aflægge en ny dåbsbekendelse og bekræfte deres tro på Kristus, før de blev døbt ved massedåb. Hvis ikke man var villig til at følge den nye konges krav, mistede man hovedet eller måtte flygte.

Van Leiden indførte også økonomisk lighed mellem alle borgere. De rige skulle dele deres rigdom med de fattige, for i Det Ny Jerusalem skulle alle være lige. Borgerne gik også løs på de gamle kirkebygninger. Altertavler, kors og bænke blev brændt rundt omkring i Münsters gader. Nu skulle det gamle samfund vige til fordel for et nyt og bedre.

Da det gik hedest til, bestemte van Leiden, at det var tilladt for mændene at tage flere koner. Den regel udnyttede han selv temmelig godt. Hele 15 koner nåede han at blive gift med i sin korte regeringstid.

Van Leiden ønskede at tage den fulde konsekvens af det teologiske og samfundsmæssige oprør, Luthers reformation indledte. Hos van Leiden og hans ligesindede blev reformation dog til revolution. Münster blev derfor i årene 1534-35 omdannet til en døberrepublik, dvs. en bystat for de sande døbte.

Men friheden varede kun kort. Biskoppen og hans lejesoldater belejrede byen og sultede dens indbyggere ud. Den 29. juni 1535 indtog de byen, samlede døberrepublikkens tilhængere på byens torv og tvang dem til at afsværge deres tro på voksendåb.

På det tidspunkt underviste Luther på universitetet i Wittenberg og blev forfærdet over det, han hørte om Münster. Sammen med sin kollega Philipp Melanchthon og Johannes Bugenhagen, der siden hjalp den danske konge med at indføre reformationen i Danmark, havde han derfor en meget klar opfordring til biskoppen: Døberne i Münster skulle slås ihjel.

Luther mente, at van Leiden fuldstændig havde misforstået, hvad tro er, og endda var i færd med at undergrave samfundets orden. For tro er ifølge Luther en gave, som Jesus giver i bytte for, at vi overgiver os til ham og stoler på, at hans død og opstandelse er nok til, at vi alle kan få del i Guds rige. Troen er ikke en manual til at skabe et helt nyt samfund.

Døberne tabte krigen, men deres tanker pegede fremad. Vi står faktisk i taknemmelighedsgæld til dem. For eksempel når vi gang på gang betoner, at tro er et privat anliggende, som vi alene bestemmer over.

Det samme gælder døbernes opfattelse af frihed og social lighed. De skulle ikke kun være åndelige begreber, men ledetråde for samfundets politiske indretning. Så når vi insisterer på, at alle mennesker uanset køn og race bør få lige løn for lige arbejde, eller at vi alle uanset slægtskab eller bankbog skal være lige for loven, burde vi nok sende en lille tak til Münster. Nærmere bestemt til den jernkurv, hvor van Leiden endte sit liv hængende ud fra kirketårnet.

GRUNDTVIGS OVERMOD

Der er også en anden herre, som omtrent et par hundrede tusind danskere har i tankerne hver søndag. I hvert fald i det øjeblik de udtaler de nøjagtig samme ord i munden på hinanden. Dette landsdækkende kor sætter i gang cirka klokken 10.15 i de fleste af Danmarks 2300 kirker, når menigheden sammen synger eller fremsiger trosbekendelsen.

Først og fremmest tænker de selvfølgelig nok på Jesus, men måske også lidt på digterpræsten N.F.S. Grundtvig. Han mente, at de nøjagtige ord i trosbekendelsen gik helt tilbage til Jesus selv. Det er dog usandsynligt. Forskere har kunnet spore den aktuelle formulering tilbage til kristne menigheder i 700-tallets Rom. Grundtvig tog fejl af alderen, men det er dog de færreste 1300 år gamle tekster, der bliver læst søndag efter søndag. Men den her gør, fordi den sammenfatter de vigtigste elementer i den kristne tro.

Som det eneste sted i verden begynder trosbekendelsen i Danmark med, at menigheden forsager Djævelen, alle hans gerninger og alt hans væsen. Årsagen er Grundtvig. Så selvom han mente, at trosbekendelsen gik tilbage til Jesus, ændrede han alligevel på den. Det kan man da kalde overmod. Men Grundtvig opfattede Jesu forkyndelse og trosbekendelsen som et værn mod ondskab i verden. Derfor var det for ham naturligt at indlede med en forsagelse af al ondskab i verden.

Det næste led bekender troen på Gud som far og altings skaber. Det bliver fulgt af et led, der bekender troen på Jesus Kristus som Guds søn. I det sidste led bekender menigheden troen på Helligånden, kirkens livskraft – det er den, der skulle bevirke, at vi bliver tilgivet vores synder, og at vi vil genopstå i Guds evige rige.

Trosbekendelsen er oversat til alverdens sprog og bliver brugt af alverdens mennesker, i slumkirker i Nairobi, i megakirker i Chicago og i landsbykirker i Tjørring og Elmelunde. Den hviler på princippet om, at den sande tro er den tro, der er blevet troet alle steder, til alle tider og af alle.

Trosbekendelsen er, uanset hvilket sprog vi bruger, en lovprisning. Den indgår sammen med salmer, tekstlæsninger, forkyndelser, dåb og nadverfejringer i en stor fejring af, at døden ikke længere har det sidste ord i tilværelsen. Derfor skal der festes for livet, og det gør gudstjenesten, selvom den måske ikke altid opleves som festlig i den løsslupne betydning af ordet.

Det er en lidt anden opfattelse af trosbekendelsen, end vi møder hos den tidligere professor i kirkehistorie på Aarhus Universitet P.G. Lindhardt. Han var i mange år præst ved Vor Frue Kirke i Aarhus, og han skulle efter sigende have haft det lidt svært med trosbekendelsen.

Den mindede ham om en generalforsamling, hvor medlemmerne troligt og uden det mindste kny rejser sig op for at godkende formandens beretning. Der kan godt ligge en sandhed i Lindhardts forbehold. Trosbekendelsen skal ikke bare være en remse, som menigheden sammen med præsten lirer bevidstløst af – selvom udenforstående godt kan få den opfattelse.

TRO, DER VIRKER

PÅ EN MARK I ALBANIEN

Da den kommunistiske diktator Enver Hoxha i 1967 erklærede Albanien for verdens første ateistiske stat, forbød han enhver form for religiøs aktivitet. Det gik hårdt ud over muslimerne, der udgør den største del af Albaniens befolkning. Men også præster måtte indstille deres religiøse arbejde for de kristne menigheder. Enhver troshandling blev forbudt, og de religiøse ledere måtte ikke bære skæg eller udøve deres virke.

Kirker og moskeer blev revet ned, brugt som lagerplads eller stald til dyrene. Men det lykkedes ikke at udrydde hverken den muslimske eller kristne tro. Gudstjeneste og fredagsbøn blev holdt hemmeligt om natten. Børn blev døbt i køkkenvasken og fik fortalt historierne fra Bibelen eller Koranen af deres forældre eller bedsteforældre. Det skete efter hukommelsen, for det var forbudt at have en religiøs bog i hjemmet, og de fleste havde brændt eller gravet dem ned i haven eller på marken.

Men da kommunismen i Østeuropa brød sammen i 1989 og årene frem, forandrede alting sig. Også troens vilkår. Hoxha kom dog ikke selv til at opleve, at hans undersåtter i 1991 igen skulle få lov at tro. Han døde i 1985.

Den græsk-ortodokse kirke i Albanien satte sig for at genopbygge troen og kirken. Hovedpersonen blev Anastasios Yannoulatos. Han var professor i kirkehistorie ved universitetet i Athen og havde set frem til sit otium som pensionist. Men kirken havde andre planer med ham. Professoren skulle genopbygge den græsk-ortodokse kirkes position i Albanien.

Han blev udnævnt som ærkebiskop og begyndte bare at kalde sig Anastasios – der er græsk for opstandelse. Nu skulle kirken genopstå, så den kunne fortælle om troen på Kristi opstandelse. Anastasios gik frisk til opgaven. Sammen med en albansk tolk kørte han rundt i en stor jeep til landsbyerne og fejrede gudstjeneste. Bagest i bilen havde han tre klapstole og tre ikoner, der var billeder af Jesus, Jomfru Maria og Gud. De blev stillet op på marken uden for hver eneste landsby.

Familierne blev inviteret ud på marken. Anastasios fortalte om ikonernes betydning. Til sidst sluttede han med at holde gudstjeneste. Hvis der var børn eller voksne, som ikke kunne huske fadervor eller trosbekendelsen, stoppede Anastasios gudstjenesten. Han forklarede dem ordlyden og betydningen. Herefter fortsatte han gudstjenesten, så alle kunne være med. Langsomt kom Anastasios og hans tolk hele landet rundt.

Troen og kirken opstod fra de døde. De gamle præster, der havde overlevet Hoxha, begyndte at lade skægget vokse igen. De nedgravede bøger blev gravet op igen, og hvis der var teologiske bøger blandt dem, blev de afleveret på et nyt seminarium for præster. Det blev indrettet i et af kommunistpartiets tidligere luksushoteller uden for havnebyen Dürres, lige ned til Adriaterhavet. "En guddommelig beliggenhed", ville en ejendomsmægler nok udbryde.

DEN BEDSTE SEJR

Tro kan altså overleve selv de værste forfølgelser. Igennem århundreder har jøder kæmpet for retten til at leve i Europa, som deres tro foreskriver: De er blevet forfulgt gennem store dele af kontinentets kristne historie. De måtte ikke eje jord og kun arbejde inden for visse erhverv, de er blevet tvangsomvendt til den kristne tro og gennet sammen i særlige bydele, der er begået utallige massakrer mod dem, og de er blevet gjort til syndebukke for alt mellem himmel og jord, lige fra Den Sorte Død i middelalderen til den økonomiske krise i 1930'erne.

Forfølgelsen kulminerede dog med Holocaust under Anden Verdenskrig. Millioner af jøder blev henrettet i nazisternes kz-lejre, og som befolkningsgruppe var jøder tæt på at forsvinde helt fra Tyskland og det øvrige Europa. Men i dag vokser antallet af jøder i Tyskland, og Berlin er på vej til at genindtage sin rolle som epicentrum for jødisk kultur og tro. En bedre sejr over nazismen kan man vel dårligt forestille sig.

Jøder har uden tvivl været meget forfulgt. Men næsten alle trosretninger har medlemmer, der er blevet eller bliver forfulgt på grund af deres tro. I det kommunistiske Nordkorea bliver kristne indsat i fangelejre. Gennem flere år har tilhængere af bahaismen været på flugt fra Iran og Irak. Mange shia-muslimer bryder sig nemlig ikke om, at den persiske muslim Bab i 1844 udråbte sig selv til en ny profet på linje med Muhammed, Allahs profet. Det skal hans tilhængere så fortsat bløde for.

I Israel diskuterer ortodokse og sekulære jøder, om Israel skal være en religiøs stat forbeholdt for jøder eller en sekulær stat for alle – selv for arvefjender som muslimske palæstinensere. De to jødiske grupper er dog også uenige om næsten alt andet. For eksempel også om, hvordan de skal holde sabbatten hellig. Opdager en ortodoks jøde en anden jøde køre bil om lørdagen, viger førstnævnte ikke tilbage for at kaste sten efter bilen. Jøden bag rattet har jo forbrudt sig mod Guds befaling om ikke at røre en finger på hviledagen. Man kan så spekulere over, om stenkastet ikke også bryder selvsamme lov.

Situationen for religiøse mindretal i Mellemøsten er generelt blevet forværret, siden den unge tunesiske gadehandler Mohammed Bouazizi satte ild på sig selv den 17. december 2010. Igennem flere år havde den 26-årige Bouazizi solgt frugt og grøntsager for at hjælpe sin familie. Men hans frustrationer over at have fået sin frugtvogn konfiskeret, fordi han ikke ville betale en bøde til korrupte politifolk, blev til sidst for store. Han satte i protest ild til sig selv foran rådhuset i byen Sidi Bouzid.

Bouazizis voldsomme protest udløste hurtigt en bølge af sympati mange steder i Mellemøsten. Uroen bredte sig til især Egypten, Libyen og Syrien. De folkelige protester for demokrati og opgør med korrupte ledere blev hilst velkommen som et arabisk forår.

Men i dag er foråret blevet afløst af en blodig krig i

blandt andet Irak og Syrien. Den har drevet yazidierne, der tilhører det kurdiske mindretal i det nordlige Irak, på flugt. De er kommet i klemme i konflikten mellem alawitter, sunni- og shiamuslimer.

Men det sidste, religiøse minoriteter gør, når de er på flugt og bliver forfulgt, er at opgive troen. Den giver dem styrke og identitet. Den er den røde tråd i deres historie og deres forbindelsesled til forfædrene. At opgive troen er at opgive samhørigheden med fortiden og det sted og den kultur, familien stammer fra.

Ofte er det endda troende, der forfølger andre troende. De kan have en stærk religiøs eller politisk tro. De vil forsvare sig mod de vantro, som ikke deler deres stærke tro på kalifatet, demokratiet, Guds rige eller det klasseløse samfund.

TRO GIVER VINGER

Mange jøder har i dag bygget deres tro og religiøse identitet op om Holocaust. Det israelske parlament, Knesset, vedtog i 1953 at oprette Yad Vashem-museet i Jerusalem for at mindes ofrene for nazisternes udryddelse.

Yad Vashem er derfor et yndet turistmål i Israel. Kun Grædemuren i Jerusalem tiltrækker flere besøgende. Men begge dele fungerer som erindringssteder. Det samme gør udryddelseslejren Auschwitz i Polen, hvor over en million jøder gik til grunde i gaskamrene. Men siden 1970'erne har jøder og polakker diskuteret, hvordan vi bør mindes fortiden og ofrene.

I det katolske Polen er det for eksempel god skik at

mindes de døde ved at stille kors op. Det er jo symbol på Jesu opstandelse og på, at troen netop kan besejre døden. Desuden var det ikke kun jøder, der omkom i lejren. Også tusindvis af polakker, russiske krigsfanger, romaer, homoseksuelle mistede livet i, hvad vi nok godt kan kalde for menneskehedens absolutte nulpunkt. Den polskfødte pave Johannes Paul II kaldte under et besøg i Auschwitz i 1979 endda lejren for Golgata – højen, hvor Jesus blev korsfæstet uden for Jerusalem.

Det var dog ikke til jødernes udelte begejstring. For dem er korset ikke tegn på trøst i svære tider, og Jesus ikke nogen rigtig frelser. Begge dele minder dem snarere om, at ikke kun nazister, men kristne igennem århundreder har forfulgt og dræbt jøder.

Da paven sammenlignede Jesu lidelser knap to tusind år tidligere med kz-fangernes utallige rædsler, var det dog i tradition med katolikkers måde at mindes døde på. De husker ikke kun deres egne afdøde slægtninge, men også mennesker, der med deres dybe tro har været forbilleder for dem. Nogle af dem kaldes helgener. Den katolske kirke har endda oprettet en særlig kommission til at undersøge, om den afdøde opfylder kravene for at opnå helgenstatus. Blandt andet skal kandidaten have udført mindst ét mirakel.

Det gjorde den fromme italienske præst Joseph af Copertino. Han deltog i 1630 i en procession til ære for middelaldermunken Frans af Assisi. Pludselig lettede han fra jorden, og han begyndte at flyve gennem luften. Det skete flere gange, og til sidst blev det lidt for meget for hans religiøse overhoved – eller måske i dette tilfælde underhoved. I hvert fald fik Copertino flyveforbud. Men i dag er den flyvende præst gået over i historien som skytshelgen for astronauter, flyrejsende og piloter.

Mange helgener har ofret deres liv for deres tro; de er martyrer. Ærkebiskop Oscar Romero er en af de mere moderne af slagsen. I begyndelsen af 2015 blev han udnævnt som martyr af pave Frans, og dermed er vejen åbnet for en helgenkåring.

Det er dog på en trist baggrund: Romero gjorde sig i 1970'erne grundigt upopulær hos El Salvadors militærregering. Han protesterede, når militære dødspatruljer dræbte regimets modstandere. Og var én af få, der kritiserede regeringen for valgsvindel. Hans i al hemmelighed radiotransmitterede gudstjenester blev derfor hørt af de fleste indbyggere i El Salvador. Som en lysets stemme i mørket.

Hans mange opfordringer til at gøre en ende på undertrykkelsen blev dog til sidst for meget for militæret. Søndag den 24. marts 1980 kørte en gruppe bevæbnede mænd op foran kirken på deres motorcykler. De trådte ind, lige som Romero havde afsluttet sin prædiken, åbnede ild og dræbte ham. Mere end en million mennesker deltog i begravelsen. Omkring 40 sørgende blev dræbt, da militæret skød ind i den store menneskemængde. Den katolske kirke betragter militærets angreb på Romero som et "had mod troen".

KÆMP FOR ALT, HVAD DU HAR KÆRT

Heroppe nordpå dyrker vi dog ikke helgener. Det sørgede Luther for, da han med reformationen i 1500-tallet afskaffede dem. Han mente ikke, at troende skulle kunne bede helgener om at gå i forbøn for sig hos Gud. Det var at betragte som afgudsdyrkelse og stod i vejen for det mere personlige forhold mellem den troende og Gud, som Augustin havde været med til at indstifte.

Luther selv er dog blevet til en autoritet for en luthersk eller protestantisk trosopfattelse. Han er dog langtfra den eneste. Andre protestanter har også givet troen et udtryk og et indhold, som har været til varig inspiration. Deres ord og handlinger har prentet sig ind i tiden på en måde, så de næsten har fået martyrstatus.

I Danmark gælder det for Kaj Munk. Han blev i 1930'erne og 40'erne kendt som en ivrig debattør og dramatiker og fungerede indtil sin død som præst i Vedersø ved Vestkysten. På trods af mange advarsler fortsatte Munk med at kritisere den tyske besættelse. Han var ikke bange for at dø for den nationale sag, han troede på. Det gjorde han da også. Mere præcist den 4. januar 1944, likvideret af Gestapos dødspatrulje på Hørbylunde Bakke ved Silkeborg. Han forblev imidlertid en inspiration for mange danskeres modstand mod den tyske besættelse i krigens sidste år.

Munks navn indgår i den lange række af trosvidner, der er hædret i Martyrernes kapel ved domkirken i Strängnäs i Sverige. Som den eneste dansker indgår Munk også i den lutherske kirkes martyrkalender i USA. Noget tilsvarende kender vi ikke til i Danmark.

Begge steder optræder også Dietrich Bonhoeffers navn. Han var ligesom Munk præst og protesterede mod jødeforfølgelsen i 1930'ernes Nazityskland. Han deltog i den tyske modstandsbevægelse, der planlagde et attentat på Hitler. Planerne blev afsløret, og Bonhoeffer blev på Hitlers personlige ordre hængt den 9. april 1945 i den tyske koncentrationslejr Flossenbürg i Bayern nær grænsen til Tjekkoslovakiet.

Bonhoeffers kritik rettede sig også mod den tyske kirkes manglende modstand. Han hævdede, at det ikke var muligt at synge salmer, så længe jøderne blev forfulgt. Den kristne tro stod og faldt med, at kristne i Tyskland protesterede mod nazismen. Bonhoeffer betonede, at den gode handling er den første – og vigtigste – trosbekendelse. Ord gør det ikke alene. De skal følges op af handlinger, der for eksempel forsvarer ofrene for et tyrannisk regimes politik. På det punkt er Bonhoeffers definition af tro mere handlingsorienteret end Luthers.

VI UPERFEKTE MENNESKER

Bonhoeffers proaktive definition af, hvad tro er og indebærer, har spillet en betydelig rolle i alverdens kirker siden Anden Verdenskrig. Det gælder ikke mindst i Sydafrika. Den tidligere sydafrikanske ærkebiskop og Nobelprismodtager Desmond Tutu fremhæver ofte Bonhoeffer som sit forbillede.

Tutu havde i Sydafrika gang på gang oplevet, hvordan

troen blev brugt til at skabe forskelle mellem hvide, sorte og farvede. De hvide sydafrikanere, der var efterkommere af de hollandske indvandrere, hævdede, at Gud havde udvalgt dem til at tage jorden fra de sorte og skabe forskellige former for udvikling for befolkningsgrupperne. Det var det, de hvide sydafrikanere kaldte apartheid.

Og det var den form for raceadskillelse, som Tutu kæmpede mod, fordi den ødelagde fællesskabet. Et samfund kan kun overleve, hvis mennesker samarbejder og får de samme muligheder for at udvikle sig, har han sagt i en af sine prædikener. Det var langtfra tilfældet i Sydafrika, hvor sorte skulle bo i bestemte bydele, ikke måtte gå på de samme skoler som hvide eller bevæge sig frit i landet.

Præsident Nelson Mandela bad efter Sydafrikas første demokratiske valg i 1994 Tutu om at være formand for Sandheds- og Forsoningskommissionen. Formålet var at skabe en fælles forståelse blandt sydafrikanere, hvide som sorte, om, hvad der var sket af uretfærdigheder. Både Mandela og Tutu håbede på, at kommissionens arbejde kunne indlede en proces, hvor sydafrikanere fra alle samfundsgrupper ville forsone sig med hinanden. Det kunne Gud hjælpe med til. Kristne kalder det fænomen Gud, men for andre mennesker hedder det måske Allah eller *khalsa*.

For Tutu er Gud ikke kun Gud for de kristne, men for alle mennesker uanset tro, race eller kultur. Alle troende mennesker har nemlig et fælles udgangspunkt: Den overnaturlige og guddommelige virkelighed overskrider alle vores kategorier.

Ingen af os, heller ikke alverdens paver, druider, braminer, imamer eller ypperstepræster, kan begribe det guddommelige fuldstændigt, fordi vi er ufuldstændige mennesker. Vi må være rede til at lære af hinanden og ikke påstå, at vi alene har hele sandheden om, hvordan vi skal tro, og hvilken tro der er den rette.

Tutu er især optaget af de oprindelige folks tro. Dvs. den slags tro, som vi ved, mange millioner mennesker fortsat bekender sig til kloden rundt. Den har de formet gennem årtusinder i tæt kontakt med deres naturlige omgivelser. Det er aboriginernes såkaldte drømmespor et godt eksempel på: Jorden og mennesket er ifølge aboriginerne ét, så ved at drømme og synge om landskabet skaber de stenene, stierne og skovene rundt om sig.

Det lyder måske som den rene og skære overtro, men i troens verden er det snarere reglen end undtagelsen at tillægge visse genstande, steder og vejrtyper en særlig kraft. Kristne tillægger vand, vin, brød eller ikoner guddommelig kraft. Nordamerikanske indianere gør det med røgen fra en pibe. Røgen udtrykker sammen med dans, trommeslag eller menneske- eller dyreofre en bøn til guderne om at genskabe den kosmiske harmoni.

Ifølge Tutu har alle de oprindelige folkeslag også haft mere eller mindre den samme oplevelse i mødet med de europæiske koloniherrer fra 1500-tallet og frem. De inviterede de hvide mænd inden for i deres land. Hvilket næsten altid endte med at koste dem enten deres levevis eller livet. Det var for eksempel det, der skete under den europæiske kolonisering af Afrika: "De hvide lærte os at bede, men da vi åbnede vores øjne, havde vi fået de hvides Bibel, og de hvide havde taget vores land", sammenfatter Tutu Afrikas triste kolonihistorie.

Ikke desto mindre fastholder han, at alle mennesker kan bidrage til samtalen om, hvad tro er. Alle mennesker, der tror, må have noget at sige hinanden. Vi kan blive mere fortrolige med vores egen tro og mindre angste for andres. Også de mennesker, der ikke tror, er en gave til troen. De udfordrer de troende mennesker til at gøre op med sig selv, hvorfor de tror, og om de egentlig lever efter de idealer, deres tro indeholder. Og, mener Tutu, hvis man aldrig tør sætte sin tro eller sine ideer på prøve, bliver man ensporet, intolerant og vil måske være tilbøjelig til at bruge sin tro som et våben og argument mod anderledes troende.

Han opfordrer til at se efter det bedste, andre religioner har at tilbyde. Det er ikke det samme som at dyrke den patchworktro, hvis opblomstring vi har hørt om, men en opfordring til at lade sig inspirere af hinandens religiøse tro.

TROENS STORE FLYTTEDAG

Tutu er også en tydelig repræsentant for, hvordan den kristne tro er ved at få sit tyngdepunkt på den sydlige halvkugle. Tidligere boede de fleste kristne i Europa og Nordamerika. Det billede er under hastig forandring. Antallet af kristne vokser især i Asien og Afrika. Skal vi i dag tegne et verdenskort over, hvor flertallet af kristne bor, er centrum den afrikanske by Lagos i Nigeria.

Samme udvikling finder vi inden for islam. Nogle

forskere hævder, at Afrikas fremtid vil afhænge af, hvordan kristne og muslimer finder ud af at leve sammen på kontinentet. Det kræver ikke kun økonomisk fremgang og politisk dygtighed, men også de religiøse lederes indsats.

Væksten i antallet af kristne og muslimer i Afrika sker, samtidig med at mange afrikanske lande oplever en stor økonomisk fremgang. Det ændrer også vækstbetingelserne for tro og religion. Pengenes betydning for troen vokser, i takt med at mange unge afrikanere rejser til de store byer for at få del i fremskridtet.

Her bliver de ofte tiltrukket af de mange opblomstrende pinsekirker, som har taget navn efter den første pinse i kristendommens historie. Dengang begyndte apostlene at tale i tunger, fordi Helligånden var kommet over dem. Samme slags ekstatisk gudstjeneste kan vi opleve i nutidens mange pinsekirker.

I Brasilien er der også millioner af katolikker, der konverterer til den protestantiske pinsekirke. Højst sandsynligt fordi præsterne i pinsekirken ikke bare lover guld og grønne skove i himlen, men her på jorden. Tankegangen er, at bare man er stærk nok i troen og giver sine penge til kirken, så vil Gud belønne troen med social og økonomisk fremgang.

Resultatet er, at troen ofte virker. Men selvfølgelig ikke altid. Vi har jo takket være religionskritikere som Marx lært, at tro ikke automatisk skaber økonomisk velstand, sådan som præsten prædiker. Og at tro ikke er svaret på alle de bønner, vi må have til vores jordiske liv.

Arbejdsløshed og fattigdom kan ramme enhver, uanset

hvor stærk man har været i troen. Hvis uheldet er ude, kan troen på, at rigdom er Guds gode gave, blive til en dobbelt afstraffelse. Fattigdommen er pludselig ikke kun en social katastrofe, men også Guds straf for, at den arbejdsløse har troet for lidt eller forkert.

TROENS TRAPPE

MED GUD PÅ HOLDET

Lørdag eftermiddag myldrer det med festklædte mennesker lidt nord for Liverpools centrum. Selv når det er varmt, har kvinder og børn, ja, endda granvoksne mænd, et rødt tørklæde rundt om halsen. Mange har også taget en rød trøje på, med et nummer og et efternavn, der ikke er deres eget, på ryggen. De er kommet i bil eller med én af mange busser. Alle styrer målbevidst mod det samme sted. Foran dem ligger en stor grå cementbygning, der har fået mytologisk status. Det er Anfield. Liverpool FC's hjemmebane, en af fodboldens historiske katedraler.

Når tilhængerne er kommet gennem portene og har fundet deres faste plads, bryder gamle, unge og midaldrende ud i sang, så nakkehårene rejser sig. De jubler, når de ser deres 11 udvalgte idoler komme ind på grønsværen.

Det sker efter et helt bestemt mønster, der kan sammenlignes med en gudstjeneste. Heltene bliver sunget ind på banen med slagsangen "You Will Never Walk Alone" fra Rodgers og Hammersteins musical Carousel fra 1945. Alle Liverpool-fans synger med en entusiasme og inderlighed, så man tror, de er i gang med at fremsige trosbekendelsen. Det er de sådan set også. Bare ikke på Gud, Allah eller Jahve, men på almindelige mennesker som anføreren

Jordan Henderson og angriberen Christian Benteke. De lokale helte tager opstilling midt på banen og hilser på deres tilhængere og modstanderne.

Sande fans holder med deres hold, uanset hvordan det går. Stemningen blandt de mest trofaste er selvfølgelig præget af resultatet af Liverpools sidste kamp og den spændte forventning til den næste.

Inden spillerne træder ind på grønsværen, har de i omklædningsrummet ofte gennemført særlige ritualer. Højre støvle skal snøres før den venstre – eller omvendt. Nogle slår korsets tegn, når de løber ind på banen eller forlader den igen. Andre viser deres religiøse overbevisning ved at takke himlen, når de scorer, eller ved at bøje sig til jorden og kysse den. I særligt anspændte situationer lukker fansene øjnene og folder hænderne. Man er ikke i tvivl om, at de beder en højere magt om, at der bliver scoret på straffesparket, eller at målmanden redder skuddet.

Forud for og under kampen tager mediernes fodboldkommentatorer varsler på, hvordan kampen vil udvikle sig. Spillernes skader bliver analyseret og trænernes kommentarer udlagt som særligt betydningsfulde for, hvordan resultatet vil blive. Alt sammen tegn på en religiøs interesse for sport, som mange religiøse trossamfund i dag må være misundelige på.

Så selvom mere end en milliard mennesker ikke tror på nogen guddom, tror de stadig på et eller andet. Det kan være på et fodboldhold, på at økonomien vil bedre sig i, eller på at en amerikansk præsidentkandidat som Barack Obama kunne gøre hele verden til et bedre sted.

I 2008 blev Obama i hvert fald tiljublet som en frelser nærmest over hele kloden. Mange slugte hans ord om en ny begyndelse. Nu skulle der skabes fred i verden. USA ville trække sig ud af sine krige i Afghanistan og Irak og lukke Guantanamo-fængslet på Cuba. Inden han var kommet rigtigt i gang med sin præsidentperiode, fik han i 2009 endda Nobels Fredspris. Den norske Nobelkomité troede, at Obama ville gøre sine ord til virkelighed. I bagklogskabens ulideligt klare lys virker det næsten som en massepsykose. Mange af os ville dengang nok også have troet, at Obama kunne forvandle vand til vin.

Verdens tro på Obama er måske et af de tydeligste eksempler på, at vi alle har behov for at tro. Politiske ledere som Obama får os til at tro på muligheden af en bedre verden. Ved at tro på deres evner opstår der et socialt håb om og en energi og vilje til forandring, som ethvert samfund behøver.

Desværre er det ikke altid, at vores tro bliver belønnet. Obama har været præsident i syv år. Men Irak og Afghanistan er nærmest i ringere stand, end før USA invaderede dem. Og Guantanamo holder stadig døgnåbent. Alligevel holder vi sjældent op med at tro, bare fordi vi bliver skuffet. For tro er et fundamentalt grundvilkår i ethvert menneskes liv, som altid vil indebære en vis mængde tvivl og ærgrelse. Troen er – om den er religiøs eller ej – den kraft, der får os ud af fjerene om morgenen, og den, der får os til lægge hovedet trygt på puden om natten. I tillid til og med håbet om en bedre fremtid.

LUTHER VERSUS LUTHER

Vi tror, fordi vi lever, og vi lever, fordi vi tror. Troen er dybt forankret i ethvert menneske. Det er ikke nødvendigvis en religiøs tro, men det er en overbevisning, der gør os bevidste om fremtiden. Enhver form for tro giver ikke bare mening, den skaber også en vis form for dramatik, ritualer og myter i vores liv. Alt sammen noget ethvert menneske har behov for.

Troen har sin historie, og hver tro sin historie. De forskellige religioner lever i kraft af, at de kan sætte ord og ritualer på menneskets behov for at tro. Hvis ikke de længere formår det, vil de dø ud. Religionerne har hårde konkurrenter inden for sport, politik og økonomi. De betjener sig af troens sprog og af vores længsel efter at tro på et eller andet ud over eller større end os selv.

Men næsten uanset hvilken form for tro, vi taler om, kan den næsten ikke beskrives bedre end med de ord, Martin Luther King engang har udtalt. Tro er – sagde den amerikanske borgerrettighedsforkæmper – at træde op på det første trin, selvom du ikke kan se hele trappen. Det er også et godt billede på den måde, vi i dag forstår tro på.

Tro er nu blevet til et valg, som vi hver især må træffe. Vil vi lade troens vilkår gælde for vores egen eksistens? Det er et godt stykke væk fra den definition af tro, som den første Luther lagde frem i 1500-tallet. Han mente, at vi ikke af egne kræfter kan tro, men må lade en afgørelse gælde, som allerede er truffet af Gud. I dag er det ifølge den anden Luther op til hver enkelt af os at tage det første trin op ad troens trappe.